PLAIDOYER

POUR

LE NATIONAL,

TRIBUNAL
de 1re instance
DE LA SEINE,
6e Chambre

 PRONONCÉ A L'AUDIENCE DU 24 MARS 1830.

Chaque génération, chaque époque a son caractère, son esprit et ses besoins ; et, comme la nature humaine ne reste jamais dans le repos, les temps qui s'avancent doivent être pires ou meilleurs que ceux qui ne sont plus.

Depuis quinze ans, nous avons vu sur la scène politique des générations nourries dans les troubles civils et habituées à se combattre : l'une, reste impuissant par lui-même d'un régime anéanti pour toujours, s'est recrutée du parti de l'Église, et s'efforce de refaire à nos dépens un passé qu'elle n'a pu défendre ; une autre, qui a donné au monde le plus grand spectacle qu'ait présenté l'histoire : ardente, mais généreuse, grande dans ses vertus, j'oserais presque dire, dans ses crimes ; qu'un tourbillon emporta loin du but qu'elle voulait atteindre, et dont les erreurs mêmes doivent être respectées, puisque nous leur devons nos libertés ; une troisième enfin, pleine de l'esprit militaire, façonnée à la fois au commandement et à l'obéissance, fière dans

les camps, mais se pliant sans murmure aux ordres d'un despote, et qui, portant de toutes parts le drapeau de la patrie, même dans ses désirs immodérés de conquêtes, voulait moins subjuguer l'Europe qu'y répandre la France.

Au milieu de ces esprits si divers, le gouvernement constitutionnel est tombé à l'improviste et comme par hasard, et, par une faute dont nous subirons long temps les conséquences, gouvernement jeune, il s'est confié à des hommes qui ne l'étaient plus. Qu'en ont fait ces générations animées de passions si contraires? quelle a été leur conduite? quel choc en a-t-il reçu? L'histoire l'écrira un jour : les temps sont trop nouveaux pour dire quels furent les projets des uns et les fautes des autres.

Voici qu'à leur tour des générations nouvelles arrivent à flots pressés, et s'élèvent sur l'horizon politique. Depuis seize ans, elles assistent à ces combats de discours dont le bruit a succédé parmi nous à celui des armes; l'esprit d'examen s'est emparé d'elles, et, curieuses, ardentes comme tout ce qui est jeune, on les a vues, on les voit encore employer leur puissance à découvrir, à proclamer ce qui est juste et ce qui est vrai. Pour elles point d'antipathies, point de passions. L'ancienne monarchie, la révolution et l'empire ne sont que de l'histoire. Aussi ont-elles admirablement saisi la nature et l'ensemble de ce régime constitutionnel, qui assure aux nations la stabilité monarchique, aux individus cette liberté, seule convenable à la dignité humaine. Sans doute ces générations puissantes auront, comme celles qui les ont précédées, leur part de fautes et d'erreurs, et pour les juger il faut les attendre à l'œuvre. Dès à présent néanmoins on peut s'expliquer leur caractère : méditatives et réfléchies, elles ne cherchent point à détruire, mais à consolider; elles sont moins propres à une

agression désordonnée qu'à une résistance régulière ; la légalité leur plaît; elles ne sauraient pas attaquer, mais se défendre.

Ce sont ces générations nouvelles qui sont traduites devant vous, personnifiées, pour ainsi dire, en quelques-uns de leurs plus nouveaux et plus fidèles organes. Erreur étrange ! on accuse les auteurs du *National* d'attaquer la monarchie, et ils ont pour foi politique et pour dogme, que la royauté convient seule à la France ! On les accuse d'attaquer la maison régnante, et ils ont pour foi politique et pour dogme que la royauté, dans une maison antique, est un gage de sécurité de plus pour tous les intérêts ! Mais on trouve dans leurs écrits une nouvelle manière d'envisager les choses; et il en est de la recherche d'un système nouveau comme de celle d'une mer inconnue : on ne l'accomplit pas sans danger. Il faut détruire des influences qui ont leur empire, par cela même qu'elles sont vieilles; et l'âge, aussi bien que la fortune, a ses vanités et son aristocratie. Il faut même s'exposer à mécontenter le pouvoir; or le pouvoir mécontent voit souvent des crimes dans des mots, et des complots dans des doctrines.

Le National a un système qui lui est propre, et il peut du moins s'attribuer ce mérite, qu'il ne copie personne. Toujours constant à lui-même, il est mu par une seule pensée : il a un seul but; c'est le développement médité de tous les principes comme de toutes les conséquences de nos institutions. Dans la sévérité de ses analyses, il met à nu les passions et les choses; dans son langage, peut-être un peu âpre, il brusque les habitudes de l'ancienne monarchie, et désentoure les faits de leurs vanités et de leurs prestiges. Aussi, après avoir lu avec attention les articles incriminés, suis-je demeuré convaincu que,

sauf quelques théories, qu'il n'est pas dans votre droit de juger, le procès actuel porte moins sur des choses que sur des mots; moins sur des intentions redoutées, que sur des formules qui déplaisent. Et cependant que d'incriminations accumulées ! attaque à un droit de donner la Charte, qu'ils n'ont point examiné; à une autorité constitutionnelle, qu'ils ont toujours respectée; provocation à un renversement de dynastie, qu'ils n'ont appelé ni de leurs écrits ni de leurs vœux. Tels sont les trois chefs d'accusation qu'il faut que je discute. Auparavant, Messieurs, puisqu'il s'agit de prononcer sur l'origine de la Charte, permettez-moi de vous rappeler comment et dans quelles circonstances elle a été donnée : il n'est pas permis de mépriser les enseignemens qui résultent des faits, et quelques libres que soient vos jugemens, ils ne sauraient méconnaître la puissance de l'histoire.

Je ne rappellerai pas sans douleur le souvenir de ces premiers mois de 1814, où, pour la première fois depuis tant d'années, les camps ennemis foulèrent le sol de la patrie. La Russie, la Prusse et l'Autriche auraient voulu s'arrêter sur le Rhin; l'Angleterre seule avait fait décider l'invasion, l'Angleterre, ennemie funeste à la France, alliée plus funeste encore. L'étranger s'était emparé de la capitale; il avait fait son entrée, inquiet de sa victoire, troublé du souvenir des nôtres, craintif encore devant les restes de cette armée, si petite par le nombre, si grande par le courage. Qu'allaient faire les puissances ? Elles avaient décidé, le 21 mars, à Châtillon, qu'elles ne traiteraient plus avec l'empire; mais cette résolution n'avait-elle point de dangers ? devait-on s'y tenir ? fallait-il traiter avec une régence ? fallait-il rappeler la royauté exilée ?

L'occupation de 1814 obéissait à une autre influence que celle de 1815. Ce n'était point Carthage, fière d'une vic-

toire acquise avec des armes étrangères ; ce n'était point la foi britannique, violant les traités avec audace ; mais un souverain puissant, que l'état futur de l'Europe ne laissait pas sans alarmes, et qui cherchait dans son triomphe des moyens de se préparer l'alliance plutôt que l'inimitié d'un grand peuple. Alexandre avait deviné l'état de la France ; fatiguée de despotisme, elle sentait le besoin de liberté ; et couronnée d'assez de gloire militaire, elle aspirait à celle des lois.

D'un autre côté, les amis de l'ancienne monarchie se réunissaient pour profiter des conjonctures. Ils avaient organisé sur un grand nombre de points des associations qui existent encore, et dont le but avoué paraissait purement politique ; il a pris depuis quelque temps un caractère religieux ; on se déguisait alors parce qu'on était faible. De hauts personnages étaient à la tête du mouvement ; des intelligences avaient été ménagées dans les deux premiers corps de l'état ; et, chose remarquable ! on voyait réunis, dans les mêmes comités, dans les mêmes projets, et les vieux partisans de la monarchie qui parlaient de liberté, et d'anciens républicains qui, séduits par la promesse d'une constitution libre, conspiraient pour rappeler les rois : tant il est vrai que le despotisme est puissant pour se détruire, et que, fatigués de sa violence, les ennemis les plus acharnés font trêve, afin de se réunir pour le combattre.

C'est sous l'influence de ces intérêts si divers que, dans la journée du 31 mars, après l'entrée des armées étrangères, se tint cette conférence mémorable qui devait changer tant de destinées. Tous les projets furent discutés ; et, s'il faut en croire ceux qui ont pris part à ces hautes délibérations, il était encore question de transiger avec l'empire. Enfin le parti de la restauration l'emporta ; et, le jour

même, fut publiée dans Paris une proclamation d'Alexandre, qui, sans nommer encore les Bourbons, annonçait du moins les dispositions et les principes des puissances. J'en rapporterai quelques lignes : « Les souverains alliés » proclament en conséquence qu'ils ne traiteront plus avec » Napoléon Bonaparte, ni aucun membre de sa famille....; » qu'ils reconnaîtront et garantiront la constitution que la » nation française se donnera. Ils invitent par conséquent » le sénat à désigner un gouvernement provisoire qui puisse » pourvoir aux besoins de l'administration, et préparer la » constitution qui conviendra au peuple français. » Comme on le voit, nous n'étions encore arrivés ni à la perfection des doctrines de Laybach, qui ont déclaré une constitution illégitime parce qu'une nation se l'était donnée, ni à cet autre principe, qu'un souverain légitime qui a donné une constitution, a moins de droits que l'usurpateur qui la détruit.

La proclamation du 31 mars avait pour but de présenter à la nation des intérêts nouveaux, de l'isoler de son chef, de l'attirer, en un mot, dans l'alliance des souverains. Il est facile de captiver la confiance des peuples. On offrait à la France, avec ses anciens rois, une constitution et la paix; elle ne distingua point; elle accepta l'alliance, et posa les armes pour devenir une nation libre. Ce fait est si vrai, que dans un ordre du jour le maréchal Barclay de Tolly écrivait : « La nation française s'est déclarée pour nous. »

Le sénat avait organisé un gouvernement provisoire ; il commençait à s'occuper d'une constitution. Le corps législatif adhérait à ses actes ; en même temps, de tous les corps administratifs et judiciaires de la capitale, même du chapitre métropolitain, et successivement de la plupart des villes du royaume, arrivaient des adhésions qui deman-

daient à la fois le rétablissement de l'ancienne dynastie, et une constitution libérale où tous les droits fussent écrits.

Sans doute il y avait quelque chose à objecter aux pouvoirs du sénat, et, comme le disait à ses membres l'abbé de Montesquiou, qui, sans mission expresse, discutait avec eux pour le roi absent : « Une constitution sans le roi et » la nation, voilà la chose la plus étrange qui se soit jamais » faite (1). »

Le sénat était cependant seul en position de répondre au vœu de la France, et seul aussi il avait reçu les invitations, les promesses et la garantie des souverains. Il discutait donc ; des difficultés graves se présentaient ; un incident faillit nous ramener sous l'empire.

Des commissaires de Napoléon étaient venus proposer la régence et un armistice de quatre jours. Le prince de Schwarzemberg avait presque promis l'armistice ; l'empereur Alexandre lui-même était ébranlé, il hésitait : il fallut pour le ramener toute l'insistance du général Dessoles, appuyée de la défection d'un des corps de l'armée ; il fallut surtout cette considération puissante, qu'on s'était trop avancé sur la parole du czar, et que trop de personnes pourraient être victimes de sa mobilité. Le danger n'en avait pas moins été grave ; il pouvait se reproduire ; l'alarme se répandit parmi les constitutionnels, et le projet de constitution qui devait fixer définitivement une position aussi périlleuse fut subitement arrêté.

Il appelait la Maison de Bourbon au trône de France. Les dispositions organiques étaient à peu près celles de la

---

(1) Papiers secrets trouvés chez M. de Blacas après le 20 mars. *Moniteur*, 1815, 1er sem.. p. 429. A la page 430 se trouve une lettre sans signature qui contient, sur l'état des esprits à cette époque, des aperçus pleins de finesse et de vérité

Charte; mais la rédaction était vicieuse, et les sénateurs blessèrent vivement la délicatesse nationale, en décrétant à leur profit la propriété et le partage de tous les biens de l'ancien sénat. La constitution tomba dans le discrédit public frappée du titre méprisant de *constitution de rentes*. Bientôt le sénat lui-même disparut des affaires : il n'avait pas su conserver, il ne sut pas établir; il se démit volontairement de tous moyens d'influence par un décret du 14 avril, qui déféra au comte d'Artois le gouvernement provisoire du royaume. C'est en vertu de cet acte que le prince a administré jusqu'au 2 mai; qu'il a rendu un grand nombre de décrets; qu'il a même signé ce traité du 23 avril, qui restitue aux autres puissances toutes ces places fortes, où flottait encore le drapeau français, au-delà de nos anciennes frontières.

Cependant Louis XVIII avait revu le royaume de ses pères, et la restauration, faible encore, attendait à Saint-Ouen, que les barrières de la ville des rois s'ouvrissent devant elle. Alexandre avait promis que la nation aurait une constitution libre, et la nation avait accepté sa promesse, en terminant la guerre. Il s'y montra fidèle; il demanda lui-même qu'une déclaration officielle fît preuve des intentions du souverain. Le 2 mai parut la déclaration de Saint-Ouen; le monarque rentre en France, *rappelé*, dit-il, *par l'amour de son peuple* ; il a lu attentivement le plan de constitution *proposé* par le sénat; mais il ne peut l'*accepter*, parce qu'un grand nombre d'articles portent l'empreinte d'une rédaction précipitée. Il convoque le sénat et le corps législatif pour le 10 juin : « *Nous engageant*, ajoute-
» t-il, à *mettre sous leurs yeux* le travail que nous aurons fait
» avec une commission choisie dans le sein de ces deux
» corps, et à donner pour base à cette constitution les ga-

» ranties suivantes. » Ces garanties sont celles de la Charte.

La commission annoncée fut choisie en effet ; nous avons la lettre de convocation adressée par le chancelier à chacun de ses membres. Cette commission fit son travail de concert avec les commissaires de la couronne; le 4 juin la Charte fut solennellement publiée, en présence des deux Chambres, et dans son préambule, nous lisons cette phrase qui suffirait à elle seule pour constater tous les faits : « Une » Charte constitutionnelle était sollicitée par l'état actuel du » royaume; *Nous l'avons promise*, et nous la publions (1) ».

Ainsi la France avait demandé une constitution par l'organe du sénat et du corps-législatif, par celui du plus grand nombre de ses corps administratifs et judiciaires, et par son traité tacite avec l'étranger. Le Roi l'avait promise. Il a donné, il a juré la Charte, et la Charte a été acceptée par le pays. Je vois en effet une acceptation expresse dans le serment des fonctionnaires et dans celui des électeurs, dans la nomination des députés, dans les adresses et les travaux des deux Chambres; je vois une acceptation tacite de la part de tous les autres citoyens, dans le paiement de

(1) D'après la déclaration de Saint-Ouen, le travail fait entre les délégués de la couronne et la commission devait être *mis sous les yeux* du sénat et du corps-législatif. Voici comment cette disposition a été exécutée. Le sénat et le corps-législatif furent convoqués pour la séance royale du 4 juin, lecture leur fut donnée de la Charte, et les deux corps furent immédiatement convertis en Chambre des pairs et en Chambre des députés. La Charte se termine par cette formule « Nous ordonnons que la présente Charte constitutionnelle, » *mise sous les yeux* du sénat et du corps-législatif, conformément à notre » proclamation du 2 mai, sera envoyée incontinent à la Chambre des pairs » et à celle des députés. » — Un député, M. Durbach (de la Moselle), voulait faire des représentations à la tribune sur cette exécution singulière donnée à la proclamation, ses collègues l'en dissuadèrent, mais il fit imprimer et distribuer son opinion, *Montgaillard*, VIII, 50. Ainsi le corps-législatif et le sénat ont accepté la Charte par leur silence

l'impôt, et dans un silence de quinze années. La Charte est donc un contrat qui nous oblige, qui nous lie, auquel nul de nous ne peut soustraire ni sa volonté ni ses actes.

Si j'avais à compléter son histoire, je pourrais jeter un coup d'œil rapide sur 1814 et 1815, et vous parler de cette tendance à la détruire, si clairement, si ouvertement manifestée : je rappellerais à votre mémoire et le titre d'*ordonnance de réformation* que le pouvoir affectait de lui imposer, et ces funestes discussions sur la liberté de la presse, et ces nombreuses ordonnances usurpant le caractère et la force des lois ; je vous peindrais l'effroi, le repentir des conseillers de la couronne, quand la nouvelle de Cannes tomba sur eux comme la foudre ; alors vous verriez la Charte de nouveau jurée ; son nom partout invoqué ; la monarchie se retirant, se réfugiant derrière elle, et sur un autre plan, la nation irritée rejetant de tardives promesses qu'elle considérait comme des vœux à la tempête. Plus tard, quand le soleil de Waterloo, qui s'était levé sur nos armées, se fut couché sans les revoir, je vous montrerais le monarque apparaissant de nouveau sur le sol de la patrie, reconnaissant avec loyauté les fautes commises, et promettant qu'une expérience si chèrement payée porterait du moins ses fruits pour le trône et pour la France : époque immense, qui dépassa tout ce qu'aurait pu prévoir ceux-mêmes qui avaient vu tant et de si grandes choses ; époque de gloire et de misère, qui dans un cadre étroit présente tous les enseignemens de l'histoire, que tous connaissent, qui parle à tous, et qui, de même que tant d'autres, n'est écoutée de personne !

J'en ai dit assez sur les faits. La Charte est un contrat ; si le souverain l'avait promise, c'est parce que la nation l'avait demandée. Voilà tout ce qu'il importait d'établir. Il est

temps d'aborder l'accusation, et de prouver que *le National* n'a point violé les lois.

Dans tout délit, on doit examiner l'intention ; dans ceux de la presse plus encore que dans tout autre. Un écrivain qui traite des matières politiques entreprend une tâche difficile, quelquefois périlleuse. Il faut le juger, non par quelques mots qui lui échappent, mais par le but qu'il se propose, mais par la pensée qui le domine.

Suivant le ministère public, les auteurs du *National* ne chercheraient qu'à remuer les esprits par des nouveautés dangereuses. Voyons quel est leur but : s'ils s'efforcent de consolider nos institutions, s'ils n'écrivent que pour les faire aimer en les faisant comprendre, je demanderai où est leur crime.

Deux de leurs feuilles sont déférées à votre justice; celles du 18 et celle du 19 février. C'est là que je trouverai leur défense.

Dans le numéro du 18 février, ils se demandent quels sont les enseignemens que la révolution nous donne, à nous surtout qui aimons la liberté ; car tous nous consultons la révolution pour nous instruire, et ce que nous désirons, c'est qu'elle en instruise bien d'autres. Ils examinent le corps social ; ils le voient tel qu'il est sorti de la commotion révolutionnaire, malgré elle ou par elle, et un premier fait leur apparaît ; c'est l'existence de la royauté, qu'elle avait voulu détruire et qui a résisté à ses orages. « La royauté, disent ils, ce n'est qu'un homme, une famille tout au plus contre la nation entière. Nous le savons. Mais cet homme, si nous le renversons, nous alarmerons toutes les têtes couronnées comme lui ; car la royauté chez nous, est sœur de toutes les royautés européennes..... C'est une réalité, et les réalités sont indestructibles. »

Un second fait leur apparaît encore : c'est l'aristocratie. On peut la chasser, disent-ils ; mais elle émigrera, mais elle ira porter de tous côtés ses plaintes, sa haine, et son orgueilleuse indigence ; elle intéressera à son sort tout ce qui est assis sur les marchepieds des trônes ; on se croisera pour elle, et bon gré, mal gré, ouvertement ou furtivement, elle rentrera par toutes les portes. Il faut vouloir ses avantages pour qu'elle veuille les nôtres. Transformons-la en pairie, et vivons bien avec elle ; c'est une nécessité pour la France.

Qui croirait que le ministère public s'offense de ces doctrines ? il trouve qu'on ne parle pas de la royauté en termes assez mystérieux. Sans doute on ne la place pas dans un nuage : on la met sur la terre, mais n'est-ce pas sur la terre qu'elle habite ? et ne la représente-t-on pas comme une *nécessité*, comme une *réalité indestructible* ? tous les lecteurs ne sont pas des abonnés de *la Gazette* : il en est d'autres, et c'est pour ces autres que *le National* écrit. Supposez qu'il existe encore en France quelques partisans de la république : les ramènerez-vous par des phrases mystiques ou vaporeuses ? A chacun son langage. L'utilité, la nécessité pour le pays, voilà les argumens qui leur feront supporter la royauté sans murmure, et qui finiront par la leur faire aimer. Dans cette doctrine de l'utilité, dans cette obéissance de la raison, il y a même quelque chose de plus digne de la royauté qu'un culte aveugle qui n'est plus de nos jours. Un roi est la nation personnifiée ; chacun de nous voit en lui son chef, sa représentation, la représentation de la nation entière ; que la royauté doive être entourée d'hommages, nous le reconnaissons tous ! mais que ces hommages soient éclairés et libres ; elle en aura plus de véritable gloire et de puissance.

Le ministère public trouve aussi à blâmer dans les observations sur l'aristocratie ; il ne veut pas qu'on la représente comme une minorité infiniment petite, comme pouvant être expulsée, dépouillée. Mais de quoi donc s'occupe l'écrivain, si ce n'est des leçons que la révolution nous donne ? et quelle conséquence en fait-il sortir, si ce n'est que l'aristocratie a une place obligée dans nos institutions ? cette conséquence, la trouvera-t-on coupable ?

Après la royauté et l'aristocratie les auteurs du *National* reconnaissent une troisième réalité; c'est tout ce qui travaille dans la société, tout ce qui compose la force nationale, c'est cet auditoire, c'est nous, c'est vous-même. « Il serait commode peut-être, dit l'article, que cette masse infatigable, agissante, innombrable, qu'on appelle le peuple, servît sous les deux autres, et payât sans se plaindre ni demander compte. Mais elle ne le veut pas, et elle est capable, si on l'irrite sur ce point, de forcer à voyager pendant vingt-cinq ans quiconque lui parle de servitude ; elle peut remuer l'Europe de fond en comble, si un congrès de Pilnitz a l'audace de la menacer ; elle va trouver de grands hommes pour chaque besogne et pourra, si cela convient à son repos, improviser une royauté et une aristocratie qui feront illusion à l'Europe, et prolongeront indéfiniment l'exil de l'ancienne royauté. Il faut donc qu'elle soit libre ; elle en a le pouvoir encore plus évidemment que le droit ; car on ne lui fera jamais autant de mal qu'elle en peut faire. »

Ce passage est une menace, a dit M. l'avocat du Roi. Mais peut-on changer le caractère de l'histoire ? Pour qu'il y ait des rois et de l'aristocratie, ne faut-il pas avant tout qu'il y ait des peuples, et la révolution n'a-t-elle pas prouvé jusqu'où peut aller leur courroux et leur puissance ? fera-

t-on que les temps n'aient point existé, que les faits ne se soient pas accomplis, que nous n'ayons vu ni la république, avec ses doctrines, ses erreurs et ses triomphes, ni cet empire qui reçut les hommages de tant de rois !

Quel est donc le but du *National*, en parlant des masses populaires avec tant de force et d'énergie? demande-t-il pour elles quelque chose de nouveau? « C'est là, dit-il, la troisième et la plus imposante des réalités manifestées par la révolution. Nous ne demandons qu'à la retrouver dans la Charte pour ce qu'elle est, à côté d'une royauté qui ne peut être impunément renversée, et d'une aristocratie qui tient au sol, et qu'on n'en saurait extirper. »

Ce qu'il veut, c'est donc seulement ce qui est. Aussi voyez comme il développe sa pensée. La royauté, l'aristocratie et le peuple sont les trois réalités que la révolution avait divisées; elles se sont replacées successivement et comme d'elles-mêmes dans l'ordre social. Ensuite la Charte est venue, pacte d'alliance, qui leur a dit comment elles doivent s'arranger pour marcher ensemble. « Après la Charte, il n'y a plus à se battre si chacun est sage. Avant la Charte, il fallait décidément voir quel était le maître; et la guerre la plus acharnée que le monde ait jamais vue a prouvé que l'autorité absolue ne pouvait appartenir à personne, ni à une royauté de droit divin, ni à une oligarchie toute-puissante, ni à un peuple souverain; qu'il fallait absolument qu'on s'entendît, et que ce beau pays, si magnifiquement assis entre les plus belles mers du globe, fût possédé et illustré en commun par trois intérêts qui ne peuvent s'exclure l'un l'autre. »

Voilà donc cet article si coupable, voilà ces nouveautés dangereuses, dont les auteurs du *National* cherchent à infecter les esprits ! Que dirai-je de l'article du 19 février,

où ils comparent, sous le rapport du gouvernement, la forme américaine et la forme anglaise, et donnent hautement la préférence à cette dernière, qui est la nôtre? que dirai-je de l'esprit entier du journal, exposé dans le premier numéro, où se trouvent sa profession de foi politique et ce passage : « Un tel ensemble d'institutions compose le » gouvernement le plus calme et le plus libre, le plus ba-» lancé et le plus vigoureux. C'est celui qu'au dix-neu-» vième siècle, entre le Rhin, les Alpes, les Pyrénées et » l'Océan, *on peut, et on doit souhaiter à la France.* » Après cela, qu'importent quelques mots, quelques formes de langage? En politique comme en philosophie, il existe plus d'une école. Les uns se livrent aux spéculations de la métaphysique, les autres à l'étude des faits. Tous, quoique par des routes différentes, marchent à la découverte de la vérité; mais la loi qui sévit contre les actes punit-elle le style et les théories!

Il est cependant quelques phrases, dans le numéro du 18 février, où le ministère public prétend avoir découvert un délit caractérisé.

L'écrivain s'occupe de l'origine de la Charte. Il résume ces événemens de 1814, dont j'ai remis sous vos yeux l'exposé fidèle. *Nous avons rappelé*, dit-il, *les actes de deux corps qui avaient le droit de faire les conditions de la France;* ici vous le voyez, il s'agit du sénat et du corps-législatif, s'occupant d'arrêter le projet de la Constitution nouvelle. *Nous avons établi que les conditions avaient été faites dignes et avantageuses.* Ces conditions, c'était la demande d'une Charte faite par le sénat et le pays; c'était la promesse de la donner faite par la royauté. *Elles ont été acceptées d'abord, puis rétractées en partie. La rétractation, nous l'avons montrée où elle était, dans le préambule même de la Charte,*

et non dans la Charte, qui est la déclaration de Saint-Ouen rédigée. C'est qu'en effet il faut distinguer la Charte de son préambule. Le préambule est l'œuvre de la couronne seule; la Charte est le projet du sénat, accepté et rédigé par la couronne.

Qu'y a-t-il dans ces faits qui ne soit constant, qui ne soit prouvé par l'histoire? Une nation a toujours intérêt à étudier, à connaître ce qui se rattache à l'établissement de ses droits. Sparte aimait à dire comment les lois de Lycurgue lui avaient été données, et Rome, celles de Numa. L'origine des nôtres a été moins mystérieuse. Point d'oracles, point de nymphe Egérie; tout s'est passé publiquement, sous les yeux non-seulement de la France, mais de l'Europe réunie comme pour assister à un si grand spectacle, de l'Europe attendant son repos de notre repos, et ses garanties de nos garanties. Serait-ce donc parce que les faits sont moins obscurs, qu'il deviendrait plus dangereux d'en parler?

Le ministère public veut cependant voir dans *le National* une attaque au pouvoir en vertu duquel le roi a donné la Charte. Quoi! s'est-il écrié, on ose dire que le sénat et le corps-législatif avaient le droit de faire des conditions à la royauté et de capituler avec elle!

Sans doute; et pourquoi pas? Si les auteurs du *National* se sont trompés, c'est en se servant du mot *capituler*; c'est *traiter* qu'il fallait dire. Louis XVIII, *rappelé*, comme il l'a déclaré lui même, *par l'amour de son peuple*, n'avait-il pas à traiter avec la France, telle que la révolution l'avait faite? or le traité qu'il a signé, c'est la Charte. Louis XI, prisonnier du duc de Bourgogne; Henri IV, obligé de racheter toutes les places de son royaume; vingt autres rois de France, à la suite de ces troubles civils qui nous

ont si souvent agités, ne se sont-ils pas résignés à subir des conditions? Ils traitaient avec les grands, dira-t-on; c'est pour cela que Louis XVIII s'est trouvé dans une position plus grande et plus noble : il a traité avec la nation.

Lorsque le gouvernement légitime perd la force nécessaire pour protéger les citoyens, il faut bien que les citoyens en acceptent un autre. Une nation ne cesse pas de vivre parce que son roi cesse de la gouverner; or, pour vivre, pour se conserver, il lui faut de l'ordre et des lois; il lui faut des organes qui parlent pour elle, et des protecteurs qui la défendent. Elle reconnaît alors pour ses chefs ceux qui se présentent avec la force et l'autorité nécessaires pour défendre et conserver l'état. Si ces chefs nouveaux comprennent ses intérêts et sa pensée, elle confirme leur ouvrage; sinon, tôt ou tard elle le détruit. C'est ainsi que le sénat s'est trouvé, à la restauration, investi du droit de stipuler pour la France; c'était un résultat nécessaire de sa position antérieure, et de l'invitation des souverains alliés. En 1830, on parle à son aise de 1814; mais alors il y avait moins de fierté et de dédain. Le sénat, dit-on, n'avait aucun droit! Dites donc aussi que Louis XVIII a eu tort de choisir dans son sein la commission qui a rédigé la Charte! Dites que le comte d'Artois a eu tort d'accepter de lui le gouvernement provisoire! Vos principes ne seraient peut-être pas sans utilité, car on y pourrait trouver des motifs pour attaquer un jour ce traité du 23 avril, qui a coûté un si immense matériel et tant de places fortes à la France.

Mais de quoi s'agit-il? de savoir si les auteurs du *National* ont attaqué les droits en vertu desquels le roi a donné la Charte? Or, je pose une première question : De quel roi voulez-vous parler? du roi régnant; il n'a pas donné la

Charte, il l'a jurée; du roi défunt? mais les actes de Louis XVIII appartiennent à l'histoire. Elle commence pour les princes où finit leur vie, et sans doute on ne contestera pas à nos écrivains, sous un règne de liberté, un droit que Tacite exerçait sous les empereurs.

Ce n'est pas Louis XVIII, dit-on, c'est la royauté qui a donné la Charte. Qu'est-ce donc que cette royauté dont certains écrivains parlent sans cesse? Terme mystérieux dont ils usent, dont ils abusent, et qui ne sert qu'à jeter de l'incertitude dans des questions où tout devrait être clair et positif. Je connais une succession de rois, et dans la suite de ces rois, j'en vois un à qui nous devons la loi politique qui nous régit; mais je ne connais point d'être animé, pensant, visible, qui s'appelle royauté. Que ce mot ne se produise jamais devant la justice avec le but avoué de faire prononcer des condamnations; elle veut moins d'obscurité et plus de précision dans le langage.

Je veux bien cependant que, même à l'époque actuelle, même après la mort de Louis XVIII, on puisse appliquer la loi de 1822 : où serait donc le délit? On reproche au *National* de s'être élevé, en parlant de la Charte, *contre cette prétention d'octroyer ce qui ne pouvait pas ne pas être de soi-même*.

Il a eu tort sans doute, il a eu tort de relever ces mots de *concession* et d'*octroi*, qui se trouvent dans le préambule. C'est un vieux style de chancellerie, auquel il ne fallait pas attacher plus d'importance qu'à certaines puérilités de l'étiquette et du cérémonial. Cette formule surannée nous vient du treizième siècle, de ces temps où des seigneurs féodaux *octroyaient* la liberté à des populations esclaves. Prétendrait-on qu'en 1814, la France était esclave! Elle n'était pas comme aujourd'hui, grande par ses institu-

tions, mais elle l'était par ses victoires, et certes ils n'avaient pas besoin qu'on leur *octroyât* le bonnet de l'affranchi, ceux qui, de Cadix à Moscou, avaient marché en vainqueurs sur la tête de tant de rois ! Quand on voit cette manie de ressusciter tout ce qui est ancien, on s'étonne que les conséquences n'en aient pas été aperçues. Si l'on consulte le passé au profit de la couronne, il faudra le consulter au profit des peuples ; or le temps où les rois *octroyaient* des Chartes était précisément celui où les peuples *octroyaient* l'impôt, où les princes le recevaient *gracieusement et avec reconnaissance*, où même le plus souvent il leur était refusé.

Cette légère erreur écartée, et encore ne peut-on l'imputer au *National*, mais à ces écrivains monarchiques qui abusent tous les jours des mots de *concession* et d'*octroi*, je cherche où est le crime.

Il faut distinguer deux choses dans la publication de la Charte ; le droit et la volonté : le droit qui, sans la volonté, fût resté stérile; la volonté qui, sans le droit, fût restée impuissante. Qu'ont dit les auteurs du *National ?* C'est que la Charte était *une nécessité morale* ; c'est qu'elle était l'œuvre *du temps* ; qu'elle *ne pouvait pas ne pas être*, et que moralement, Louis XVIII ne pouvait pas ne la point donner. Ainsi, ils ont parlé uniquement de la volonté; ils ont représenté celle de Louis XVIII comme enchaînée par ses devoirs, comme obéissant à ses promesses. Suivant eux, le don n'a pas été purement volontaire, parce qu'il était exigé par les circonstances; il n'y a pas eu octroi, parce qu'il n'y a pas eu spontanéité. Ainsi, par exemple, don Pèdre a donné une constitution au Portugal, spontanément, de sa propre volonté, en allant même au-devant des demandes du pays. La Charte au contraire nous a été donnée d'après les de-

mandes, d'après les besoins impérieux de la France. Voilà tout ce que le *National* a dit, ou voulu dire, et c'est dans ce même ordre d'idées qu'il a ajouté que la Charte a été conquise. Blâmera-t-on ce langage? Qu'on accuse donc aussi le préambule de la Charte! Nous y voyons que le vœu de la France pour une Charte constitutionnelle était *l'expression d'un besoin réel; que le roi législateur avait dû apprécier les effets des progrès toujours croissans des lumières, la direction imprimée aux esprits depuis un demi-siècle, et les graves altérations qui en étaient résultées.* Or, ce qui est un besoin réel pour un peuple, n'est-il pas une nécessité morale pour le prince? Ce qui résulte de la direction imprimée aux esprits, depuis un demi-siècle, n'est-il pas l'œuvre du temps! ce qui est exigé par le progrès des lumières et par les graves altérations qu'une société a subies, n'est-il pas une conquête, et peut-il ne pas être!

Tout en appréciant d'après des théories morales, la volonté qui a donné la Charte, les auteurs du *National* ont respecté le droit en vertu duquel elle a été donnée. Il n'était pas même dans leurs principes de chercher à le contester. En veut-on la preuve? « En général, disent-ils dans leur n° du 22 janvier, il est inutile de rechercher d'où viennent les bonnes choses. La Charte est bonne.... Qui l'a donnée? Peu importe. Les constitutions doivent tomber du ciel. L'autorité qui l'a donnée en avait-elle le droit? Peu importe encore. Qui peut faire une bonne chose en a le droit, et, en tout cas, fait bien de le prendre. » Ailleurs, ils disent encore (n° du 17 février) : « La France.... appelait un législateur. Trente-deux millions d'hommes ne peuvent tenir la plume, et il faut bien que celui qui la tient, s'en serve. Pas un gouvernement ne

s'est présenté, que la France ne lui ait demandé des lois. Elle a rejeté tous ceux qui les lui ont données mauvaises, ou qui, les lui ayant données bonnes, les ont éludées. C'est pour cela qu'elle a reconnu, souffert qu'on prît le droit de lui faire sa part, et qu'elle a payé le soin de la rédaction de concessions immenses. Les droits ne se fondent jamais sur des mystères, mais sur des faits. Ceux qui peuvent donner des constitutions le doivent. La royauté a *donné* la Charte : son droit est dans la possibilité qu'elle avait de le faire; mais ce droit de faire n'était pas un droit de ne pas faire; c'était un devoir dont l'accomplissement, du reste, a été assez payé par la Charte même. » Ainsi, ils reconnaissent même le fait que la royauté a *donné* la Charte; ils reconnaissent le *droit* qu'elle avait de la donner. Comment donc les trouver coupables ?

J'en ai dit assez; j'en ai dit trop peut-être sur le premier chef d'accusation. Voyons les autres.

Lorsque, dans une nation divisée, une question politique s'empare puissamment de l'attention de tous, c'est qu'un danger imminent alarme la société entière et que des prétentions hardies sont sur le point de se manifester. La prévoyance n'est pas la vertu des peuples, et soit que notre raison répugne à croire ce qu'elle appréhende, soit que cette sagesse qui conjecture et présage ait été refusée au commun des hommes, une nation s'inquiète peu d'un avenir même menaçant, pourvu qu'il soit éloigné. Le repos est un si grand bien pour les peuples, qu'ils cherchent toujours à se faire illusion sur sa durée; leur confiance même leur est chère, ils se plaignent si on la trouble, et dans leurs injustes mécontentemens, ils vont quelquefois jusqu'à accuser de vouloir des innovations ceux mêmes qui dénoncent les innovations qu'on prépare. Mais lorsqu'arrive ce danger

qu'on n'a pas su prévenir, parce qu'on n'a pas voulu le prévoir, chacun s'agite et se tourmente; les yeux s'ouvrent; l'indignation s'accroît du souvenir de la confiance trahie, et l'on voit alors une nation, inquiète, agitée, se livrer à l'étude comme au soutien de ses droits, et protéger de ses affections, accompagner de ses vœux tous ceux qui élèvent la voix pour sa défense.

Pourquoi donc aujourd'hui ces discussions si vives sur l'origine de la Charte ? Pourquoi ces nombreux écrits où l'on soutient avec tant d'ardeur, d'une part, qu'elle a l'autorité, qu'elle a la force d'un contrat ; de l'autre, que la couronne a le droit de l'anéantir, puisqu'elle a eu le droit de la donner? C'est qu'une question plus sérieuse s'est engagée. La Charte est devenue un fait; il s'agit de s'entendre sur les prérogatives qu'elle accorde à la royauté, et les partisans du pouvoir absolu reculent effrayés devant elle; pour eux il n'est plus que cette alternative, ou de succomber ou de la détruire.

Quelles sont les attributions constitutionnelles du Prince? Telle est la question d'où sont nées toutes les autres. *Le Roi règne*, ont dit les auteurs du *National*, *mais il ne gouverne pas*, et dans cette expression si courte ils ont analysé toute la doctrine. Le ministère public s'en est emparé cependant comme d'un nouveau délit : il y trouve une attaque à l'autorité constitutionnelle du Roi. Ainsi nous avons à établir en quoi la Charte oblige le Prince, après avoir établi qu'elle est un contrat, et qu'elle l'oblige.

Selon les uns, le Roi gouverne, selon les autres, il ne gouverne pas; telle est la question, et dans cette question se trouve tout un système, tout l'avenir d'un grand peuple.

La constitution exige le concours de trois pouvoirs pour

la confection des lois et le vote de l'impôt. Ce premier fait ne saurait être nié. Or je le demande : si le gouvernement tout entier appartenait à un seul de ces pouvoirs, que deviendraient les deux autres? ne seraient-ils pas anéantis? Car gouverner, c'est régir, et qui régit commande.

Si le Roi régnait et gouvernait à la fois, s'il avait à la fois le droit et l'exercice du pouvoir, je le demande encore, en quoi la monarchie constitutionnelle différerait-elle de la monarchie absolue? Dirait-on que dans celle-ci le Roi gouverne selon ses volontés, tandis que dans l'autre il gouverne selon les lois! Mais la loi, est-ce autre chose que la règle, la volonté, la pensée? Le pouvoir exécutif, est-ce autre chose que le bras qui obéit; et dans une monarchie constitutionnelle, cette règle, cette volonté, cette pensée peut-elle exister sans l'assentiment des trois pouvoirs? Dites donc que le Roi exerce personnellement le pouvoir exécutif, dites qu'il gouverne, et vous le déclarez soumis à la volonté des Chambres; vous dégradez la royauté, et quand vous croyez l'élever, vous la faites descendre. Je vais plus loin. Chaque année, à la discussion du budget, les Chambres mettent en jugement l'administration et son système. C'est donc le roi qu'elles critiquent, et c'est à lui que s'adressent leurs censures! Le budget accordé, elles ont encore un droit à exercer, un devoir à remplir; elles exigent, reçoivent et vérifient les comptes. C'est donc le roi dont elles suspectent la fidélité! Enfin, les comptes vérifiés, leur tâche n'est pas finie. Si l'État a été compromis ou la fortune publique dilapidée, il leur appartient d'accuser les coupables, de les juger, de les punir.... Continuez : dites encore que c'est le Roi qui gouverne; dites qu'il ordonne, qu'il dispose; que les Ministres ne font que lui obéir, qu'ils sont les exécuteurs serviles de ses volontés; dites, et dans

les cas de prévarication, il ne vous restera plus qu'à ajouter avec le poète :

Quand le bras a failli, l'on en punit la tête.

Ah! repoussons ces funestes principes : ils sont trop menaçans pour les peuples et pour les rois. Ce sont les abus du pouvoir, c'est l'impossibilité d'obtenir justice, qui poussent les peuples à la colère, et la colère des peuples dans ses égaremens, enfante ces révolutions qui devraient du moins nous instruire. Oublierons-nous toujours la mort tragique de deux rois? Oublions-nous déjà le tombeau de Sainte-Hélène !

Un grand peuple, comme une vaste mer, s'émeut lentement; mais cette masse une fois émue, il est difficile de la faire rentrer dans le repos. Long-temps d'avance, de sourds frémissemens annoncent la tempête; long-temps après de sourds frémissemens se font entendre. C'est ainsi qu'on a vu un peuple voisin s'agiter pendant plus d'un siècle avant de se reposer enfin dans cette constitution où il a trouvé sa puissance; c'est ainsi que depuis le jour où le mot de liberté se fit entendre, quarante années ont passé sur la France, et que pourtant les derniers flots du mouvement nous emportent encore.

L'histoire nous montre constamment la cause de ces ébranlemens si funestes dans les fautes des gouvernans. Les nations veulent toujours le repos, les rois toujours le bien; mais les rois se défendent-ils toujours des égaremens, des séductions qui les entourent? Quand ils exercent directement le pouvoir, on ne peut reprendre ou blâmer, sans paraître les attaquer eux-mêmes. L'orgueil du trône s'en offense, cet orgueil si redoutable; il voit des menaces dans des prières, de la sédition dans des plaintes; loin de s'éclairer

il s'alarme, loin de céder il s'irrite; et en même temps, autour de lui, pour le confirmer dans ses voies, s'agitent ces intérêts de priviléges qui spéculent sur les erreurs et vivent sur les abus. Alors, la nation qui se plaignait s'irrite à son tour; aux prières succèdent les menaces, aux menaces, les révoltes, et remuées jusque dans leurs profondeurs, les masses populaires s'élancent sur le trône, parce que le trône a eu l'imprudence de faire sa cause de la cause des ennemis de la justice et des libertés.

La science politique a trouvé enfin les moyens de prévenir de si grands maux. Des ministres sont nommés, et en eux réside le pouvoir exécutif délégué. Ils agissent, mais ils répondent de leurs actions. S'ils n'ont pas la confiance nationale, on leur ferme le trésor par le refus du budget; s'ils sont coupables, on les juge. Pendant ces grands débats, le trône reste dans son sanctuaire, et chaque citoyen à ses foyers. Ainsi disparaissent toutes les causes de perturbation sociale. Le pouvoir exécutif qui a failli ne peut plus prétendre à l'impunité; il est devenu destituable, et il subit sa condition sans périls pour l'État.

Cette première donnée en suppose cependant une autre. Les ministres sont responsables, et chacun de leurs actes engage ou leur fortune ou leur vie; ils auront donc et la *pensée* et *l'exécution* de leurs actes: ils auront même le droit de désobéir au prince, car ils ne pourraient répondre d'une volonté qui leur serait imposée, ni d'un acte où ils n'auraient été qu'instrumens. C'est ainsi que la volonté du prince a cessé d'être loi; il peut destituer ses ministres, mais, tant qu'ils sont ministres, il ne peut leur commander. En lui sont tous les pouvoirs, mais sous une condition expresse, c'est qu'il n'en fera usage que pour les déléguer.

Telle est la combinaison politique que la Charte a introduite parmi nous. On la trouve tout entière dans ces deux dispositions de son article 13 : l'une, que les ministres sont responsables, d'où il résulte qu'ils font tout ; l'autre, que le roi est inviolable, d'où il résulte que personnellement il n'agit pas. Qui agit peut se tromper, et qui se trompe est punissable ; l'inaction royale est le prix de l'inviolabilité que le pays accorde. Aussi a-t-on admis, dans notre droit politique, la nécessité du contre-seing, dont le seul but est de dénoncer aux chambres le ministre responsable. Et qu'on n'objecte pas l'article 14 de la Charte ; il définit les prérogatives de la couronne ; mais ce sont ces mêmes prérogatives que, d'après l'article 13, elle est obligée de déléguer. Autrement la Charte n'aurait pas compris ce qu'elle a fait ; elle aurait donné l'inviolabilité à celui qui commande, et la responsabilité à qui ne fait qu'obéir.

Le Roi, dit-on, n'a-t-il pas cependant la nomination, n'a-t-il pas le choix des ministres ? Oui, sans doute, il a le droit absolu de choisir ses ministres où il veut et comme il lui plaît ; mais à côté de ce droit absolu, il en est un autre, c'est celui des Chambres, qui peuvent refuser l'argent des contribuables. Il faut donc que ces deux hautes prérogatives se modifient, se rectifient l'une par l'autre, comme à leur jonction, au lieu de se combattre, deux fleuves se confondent. Le roi prend son conseil dans la majorité des deux Chambres, et de cette manière, son inviolabilité devient, non pas une fiction, mais un droit, mais un fait. Qui pourrait lui reprocher le choix des ministres, quand il les a pris dans la pensée nationale ? qui pourrait l'accuser d'actes ou imprudens ou nuisibles, quand les ministres seuls ont pu les faire ?

Et qu'on ne demande pas ce que fait le Roi, ce qu'il devient dans ce système! Il fait, il est ce que veut la Charte ; ce que, d'après ses sermens, il a voulu faire, il a voulu être. Il n'est rien, ose-t-on dire! Mais il est la nation personnifiée, mais tous les pouvoirs se meuvent au-dessous de lui et par lui; mais il est le juge suprême entre son ministère et les Chambres; mais au moment marqué par sa volonté, il interroge le pays, et le pays tout entier se lève à la voix de son chef. Il n'est rien! mais il est le plus riche, le plus heureux, le plus grand dans une grande nation. Seul il reste, quand les pouvoirs passent; vers lui s'élèvent tout l'amour, tous les hommages, toute la reconnaissance, et si nous lui ôtons les travaux, les soucis, les dangers du trône, c'est pour lui en laisser les plaisirs et la gloire.

On n'est pas satisfait d'attributions si élevées. Quoi! s'écrie t-on, la volonté royale éprouverait des obstacles! Elle serait obligée, pour le choix des ministres, de consulter implicitement celle des Chambres!

La volonté royale éprouverait des obstacles! Et pourquoi donc s'en étonner? Pourquoi s'en plaindre? autrement, ne serait-elle pas absolue? Certes, personne moins que moi ne niera ce qu'il y a de magnifique et d'illustre dans la royauté; mais, sous le manteau royal, je suis forcé de reconnaître la fragilité humaine. Quel est donc l'homme qui ne connaît aucun obstacle à ses désirs ? l'homme! je me trompe; ce serait un dieu. Or, si les sociétés humaines ont la puissance de faire des rois, elles n'ont pas celle de faire des dieux.

L'histoire n'atteste-t-elle pas que les rois les plus absolus, pour la plupart, n'ont fait eux-mêmes qu'obéir! Voyez Louis XIII, ce despote qui s'écriait : *Qu'est-ce que des priviléges contre ma volonté?* A-t-il fait autre chose en sa vie

que les volontés d'un Concini, d'un Luynes ou de Richelieu ? La question est donc de savoir quelle est l'influence qui dominera les conseils du monarque, celle du pays ou d'un favori, celle d'une maîtresse ou d'un confesseur ; et comme il s'agit de gouverner non pas le monarque individuellement, mais le pays, n'est-il pas juste que le pays ait le droit de se faire entendre ?

Si la royauté pouvait agir par elle-même et sans le secours des peuples ; si, pareille à ce corps qui nous envoie la lumière et la vie, mais qui ne demande rien à la terre, elle ne versait que des biens, et ne réclamait point de sacrifices ; humbles devant elle, nous lui dirions : Suivez votre cours ; restez libre et souveraine ; confiez la distribution de vos faveurs à qui peut vous plaire : nous ne pouvons imposer des lois, quand nous ne recevons que des bienfaits.

Mais la royauté peut-elle quelque chose sans les peuples ! elle brille de luxe et de puissance ; autour d'elle coulent des trésors, et veillent des armées, des armées obéissantes qui s'arrêtent ou s'ébranlent à sa voix. ce luxe et cette puissance, ces trésors et ces armées, où les prend-elle ? qu'est-ce que sa richesse, si ce n'est celle des peuples ? qu'est-ce que sa force, si ce n'est leur sang et leur vie ? et ceux à qui l'on demande leur fortune et leur vie, ne pourraient élever la voix pour stipuler les conditions du sacrifice ! est ce donc une chose si indifférente pour une nation que le choix d'un ministère ? Les ministres n'ont-ils pas dans leurs mains les destinées du pays ? ne peuvent-ils pas, même sans crime, laisser périr ces germes de fécondité qui ne demandent qu'à produire ? ne peuvent-ils pas attirer sur nous l'invasion et la guerre ? Quoi ! nous serions exposés à voir nos propriétés dévastées, nos villes attristées de la présence et des contributions de l'ennemi, nos fils rougir de

leur sang la terre qui les vit naître ! et nos plaintes seraient criminelles, et nous ne pourrions porter la vérité au pied du trône ! qu'on dise donc que les peuples sont une propriété vile et matérielle, dont le souverain dispose à son caprice, ou qu'on reconnaisse qu'ils ont le droit de veiller à leur sûreté, quand le souverain n'y veille pas lui-même.

Je ne sais quelle idée on se fait de la prérogative des Chambres; penserait-on par hasard qu'elles doivent admettre sans discuter et accorder sans connaître ! Voudrait-on les réduire au rôle honteux de machines à scrutin ! Non, non, elles connaissent mieux leurs droits et leurs devoirs. Il est dans leurs mains une arme puissante devant laquelle échouent toutes les prétentions, tous les faux raisonnemens, toutes les attaques; une arme dont elles sauront toujours faire usage dans l'intérêt du pays comme dans celui du trône; c'est le refus du budjet. Un refus de budjet est un fait, et il y a plus d'éloquence dans un scrutin négatif que dans tous les réquisitoires.

Comment donc cette doctrine, fondée à la fois sur la raison et sur la lettre de la loi, peut-elle être poursuivie comme un crime ? On ne veut voir dans son application possible, que désordres et infortunes. Regardez cependant un pays voisin, est-il si mal gouverné que son influence soit nulle en Europe; voyez son Roi, est-il entouré de si peu de grandeurs que sa position ne puisse être enviée. La royauté de la Charte est la royauté anglaise, et c'est à l'Angleterre que la Charte a emprunté son équilibre des pouvoirs. A un fait si incontestable, qu'oppose-t-on ? Que nous n'avons pas l'aristocratie britannique ! mais l'avions-nous il y a quinze années; et si le Roi législateur ne l'a pas jugée nécessaire, comment la juge-t-on indispensable au-

jourd'hui? L'avions-nous sous l'Empire, et l'Empire a-t-il manqué de triomphes et de puissance?

Quand j'entends regretter l'aristocratie, je me demande que penser d'un Louis XI qui en fut le constant ennemi, d'un Richelieu qui la noya dans son sang, d'un Louis XIV qui, pour humilier sa noblesse, la menaça de déclarer noble tout son royaume! Depuis plusieurs siècles, les rois de France ont cherché constamment à se rendre absolus ; c'était pour eux une politique de famille ; et dans cette pensée, ils ont, à toutes les époques, attaqué l'aristocratie, qu'ils regardaient avec raison comme l'ennemie des trônes. Si, dans les derniers temps, ils l'avaient conservée, ce n'était que pour la montre et ses habits dorés. Ou ils avaient tort, ou l'on a tort aujourd'hui. Mais qu'est-ce donc que l'aristocratie, si ce n'est un corps qui a des droits et une puissance à lui, des droits et une puissance dont il peut faire usage à son gré, soit contre le peuple, soit contre le trône. Qu'étaient-ce que ces anciens seigneurs féodaux, principe de la noblesse, sinon des fonctionnaires d'abord à vie, et qui ensuite usurpèrent l'hérédité pour leurs familles! Aujourd'hui on s'imagine trouver dans l'aristocratie un moyen de contenir les masses populaires. Mais n'y parvient-on pas plus sûrement par les délégués du pouvoir exécutif répandus de toutes parts sur le pays; et dans l'intérêt du pouvoir même, ne convient-il pas mieux que leurs fonctions soient confiées à des agens qu'il nomme et révoque à son plaisir, qu'à des agens inamovibles et héréditaires? Ne voit-on pas que, si à côté des fonctionnaires publics, on plaçait une aristocratie puissante, il y aurait constamment lutte d'autorité? Certes, un des bienfaits de la révolution est d'avoir détruit tous ces pouvoirs subalternes, et de les avoir fait rentrer dans la main du

prince, qui les départit maintenant et les retire à son gré. Seule, la révolution a reconstitué l'autorité souveraine et complété l'œuvre que tant de rois avaient tentée. Aussi, qu'ils connaissent mal l'histoire, ceux qui prétendent que la prérogative royale est trop faible, et que la révolution l'a détruite. . Autrefois, de toutes parts, elle était combattue; c'étaient les priviléges héréditaires de la noblesse, du parlement et du clergé ; c'étaient les états; c'étaient les dîmes, les droits de justice, les institutions seigneuriales. Aujourd'hui l'action de la force publique, mue par la prérogative, s'étend partout sans obstacle. On propose au roi de France de rétablir l'aristocratie ; on veut donc qu'il abandonne de lui même une partie de sa puissance !

Je me borne à indiquer ces réflexions ; elles nous conduiraient trop loin.

Les doctrines du *National* seraient fausses, que le ministère public ne saurait y voir un délit; car ce ne sont que des doctrines, et il en est de la loi politique comme de la loi civile, chacun est libre de la commenter en lui obéissant. Si une interprétation est mauvaise, qu'on la réfute par des argumens, non par des gendarmes. De quoi s'agit-il ? de dire quelles sont les attributions constitutionnelles du Roi et des Chambres. Est-ce donc à la justice ordinaire à en décider ? de pareilles questions, par leur nature, n'appartiennent-elles pas exclusivement aux grands pouvoirs de l'état ? L'autorité d'un jugement est grave, et c'est pour cela qu'il ne faut pas la compromettre. Que penserait-on d'un ministre qui, pour défendre la prérogative, argumenterait à la tribune d'un jugement correctionnel ? et quel instant choisit-on pour élever de pareilles discussions ? c'est celui où la Chambre élective, dans cette adresse que le ministère public a qualifiée lui-même de mé-

morable, vient de déclarer que *la Charte consacre comme un droit l'intervention du pays dans la délibération des intérêts publics ;* celui où elle vient de proclamer solennellement qu'elle a le droit de refuser son concours à un ministère qui alarme le pays ! Ainsi *le National* a eu la gloire de voir ses principes sanctionnés implicitement par la Chambre. Que lui veut-on maintenant? les coups qu'on lui destine doivent-ils frapper plus haut ? est-ce à l'adresse qu'on veut faire un procès ? Mais la même loi qui punit les attaques contre l'autorité constitutionnelle du prince, punit aussi les attaques contre l'autorité constitutionnelle des Chambres ; les Chambres ont même une juridiction spéciale pour venger leurs offenses. Et que dirait le ministère public, si la Chambre prenait ses doctrines pour une offense, si elle le mandait à sa barre ?..... Oui, au-dessus de la Chambre, un seul pouvoir ; à côté d'elle un autre : tout le reste lui est soumis. Créature passagère d'un ministre passager, le ministère public aurait-il reçu l'inviolabilité de celui qui ne l'a pas lui-même, et les Chambres qui accusent, qui jugent les ministres, seraient-elles impuissantes pour accuser, pour juger leurs agens ?

La doctrine du *National* ne se présente plus désormais avec l'autorité vague d'une théorie, mais avec l'autorité, avec la puissance d'un fait ; et c'est en cela que le gouvernement constitutionnel s'élève au-dessus de tous les autres. Qui ne pourrait admirer, en effet, ces formes souples et élastiques où les plus grandes secousses tendent à rétablir l'harmonie, où le prince ne paraît s'éloigner un instant de son peuple, que pour le consulter et mieux connaître ses vœux. Avec ce système, tous les inconvéniens de l'hérédité disparaissent. Un Commode peut succéder à un Marc-Aurèle? un Charles VI. à un Charles V : qu'impor-

tent, en effet, le caractère et les passions du prince? Il y a un terme rapproché, un terme de paix à toutes les erreurs : c'est le moment où le pays consulté fait entendre sa voix. Aussi *le National* pose-t-il en principe que le gouvernement constitutionnel est l'indifférence systématisée pour les personnes. Avec un tel régime, point de trouble, point de guerre civile à craindre; peuple et souverain doivent vivre en paix; tout se passe entre le ministère et les Chambres. Mais, ajoute-t-il : « Si les personnes n'étaient pas in-
» différentes pour le système, si elles le haïssaient, l'atta-
» quaient, alors la question deviendrait question de choses
» et de personnes à la fois; ce seraient les personnes qui
» l'auraient posée. » En effet, nous le pensons, nous le disons tous : dans la Charte, salut pour le pays comme pour le trône; hors de la Charte, danger pour le trône comme pour le pays.

Qui le croirait cependant? C'est dans l'expression d'une conviction que tout le monde partage, que le ministère public a trouvé matière à un nouveau chef d'accusation. Il soutient que *le National* a provoqué au renversement de la dynastie; mais *le National* a raisonné dans une hypothèse que nulle part même il n'a regardée comme possible. Selon lui, c'est seulement dans le cas où les personnes attaqueraient le système, qu'elles pourraient être menacées. S'il y a délit quelque part, il faut le dire, c'est dans l'accusation : elle suppose que le Prince est menacé dès à présent; elle suppose donc que dès à présent le Prince attaque le système et veut manquer à ses sermens; elle l'accuse de méditer un parjure.

Le National a donné un conseil et indiqué un danger. Son conseil peut avoir le tort de déplaire, mais non celui

de violer les lois. Accuse-t-on la vigie dont les cris annoncent l'écueil ; et celui-là est-il coupable qui signale un danger pour qu'on l'évite. Singulière destinée des choses humaines ! funeste aveuglement du pouvoir ! Dans tous les temps, dans tous les lieux, il est le même. Napoléon aussi, qui régnait et gouvernait à la fois, Napoléon, au milieu de ses grandeurs, repoussait les conseils ; mais, aux jours de ses revers : Pourquoi, disait-il, pourquoi ne m'ont-ils pas fait entendre la vérité ceux qui prétendent aujourd'hui me faire tomber de l'empire ! ont-ils le droit de se plaindre ! et si j'ai fait des fautes, ne les ont-ils point partagées ou par leurs adulations ou par leur silence ! Mais il était trop tard : la déchéance l'avait frappé, et il faisait déjà les premiers pas pour aller mourir à Sainte Hélène (1) !

Je vous ai prouvé, Messieurs, que les auteurs du *National* n'ont point contesté au Roi, auteur de la Charte, le droit qu'il pouvait avoir de la donner, et que, dans leurs principes sur le gouvernement représentatif, ils ont moins violé que fortifié les lois.

On s'alarme, je le sais, de voir la presse discuter des théories ; quant à moi, je ne saurais partager ces craintes. Toute ma doctrine à cet égard se réduit à peu de mots, et je l'ai récemment appliquée : Respect à la vie privée ; pleine liberté, mais décente, un peu d'exaltation même, pour les affaires publiques. Ce ne sont pas des principes, en effet, qui précipitent les peuples dans les révolutions ; excepté en matière religieuse, ils ne se soulèvent point pour des

---

(1) Ordre du jour du 4 avril 1814. «.... Si l'enthousiasme s'est glissé dans les adresses et les discours publics, alors l'Empereur s'est trompé, mais ceux qui ont tenu ce langage doivent s'imputer à eux-mêmes les funestes suites de leurs flatteries »

abstractions qu'ils ne conçoivent guères. Il faut, pour les émouvoir, des intérêts en souffrance, ou matériels ou moraux. Je ne m'aveugle pas cependant sur l'état d'une société où des doctrines irritées et contraires se font jour de toutes parts; mais j'y reconnais le langage de plusieurs intérêts blessés qui prennent la parole pour se défendre. Ainsi, parmi nous, à tort ou à raison, l'intérêt monarchique est alarmé, et j'en vois la preuve dans la violence des écrivains monarchiques; l'intérêt libéral est inquiet, et j'en vois encore la preuve dans la résistance des écrivains dévoués aux libertés. Ces deux intérêts sont en présence; et, comme deux puissances qui vont se déclarer la guerre, ils commencent par un appel au droit; ils publient leurs manifestes : situation grave, situation qu'il appartient au Gouvernement d'observer, mais que vous, Messieurs, vous êtes impuissans à guérir. Que vous demande-t-on en effet? Ce n'est pas de satisfaire un de ces intérêts par des mesures qui l'apaisent, ce qui serait au-dessus de vos droits; mais de punir les voix qui s'élèvent pour sa défense. S'il est cependant une chose sacrée, c'est que la plainte soit permise à celui qui se croit opprimé; s'il est une chose qui irrite les hommes, c'est que l'oppression continue et que la plainte soit punie. Alors les imaginations s'exaltent; alors on cherche, on demande le martyre; le martyre, la plus pure, la plus belle, la plus désintéressée des gloires. Aussi voyez ces écrivains accusés : comme ils vous abordent, comme ils se défendent, comme ils persistent, même devant vous, dans leur foi politique! L'opinion les soutient contre vos rigueurs, elle les console, et vos jugemens se brisent devant elle : mal nouveau, mal profond pour la société, quand la peine a cessé de flétrir; quand le banc de l'accusé n'hu-

milie plus, quand il grandit, quand il honore. A une autorité plus élevée de la vôtre, il appartient de trouver le remède. Au lieu de condamner, Messieurs, joignez vos vœux aux nôtres; adressons-nous ensemble au Dieu de la patrie : demandons-lui qu'il éclaire, qu'il protège la France !

www.ingramcontent.com/pod-product-compliance
Lightning Source LLC
Chambersburg PA
CBHW060526050426
42451CB00009B/1177

PLAIDOYER

DE Mᵉ MAUGUIN,

POUR

LE NATIONAL,

𝔓rononcé à l'audience du 24 𝔐ars 1830.

IB 49 1929